LE COMPLICE
DU
GRAND COUPABLE

DANS LES

MALHEURS DE LA FRANCE

PAR LAURENT (DE L'ARDÈCHE)

PRÉFACE DU XXVIᵉ VOLUME
DES ŒUVRES DE SAINT-SIMON ET D'ENFANTIN

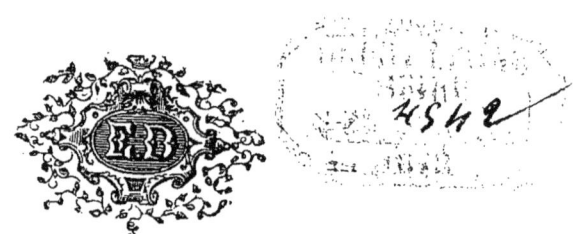

PARIS
E. DENTU, ÉDITEUR
LIBRAIRE DE LA SOCIÉTÉ DES GENS DE LETTRES
PALAIS-ROYAL, 17 ET 19, GALERIE D'ORLÉANS.
—
1872

Tous droits réservés

PRÉFACE

Dans la préface de notre XXIV⁰ volume, nous avons signalé l'athéisme comme le grand coupable des malheurs de la France, et nous avons fondé cette accusation sur ce qu'il était manifestement le générateur de l'égoïsme qui, en faisant prévaloir partout l'intérêt privé sur l'intérêt général, engendre les mauvais gouvernants et les mauvais gouvernés, les mauvais soldats et les mauvais citoyens.

Mais ce grand coupable n'a-t-il pas lui-même, pour l'aider à porter devant l'histoire la responsabilité de sa désastreuse influence, n'a-t-il pas aussi un générateur qui, après l'avoir mis au monde sans le vouloir et sans le savoir, s'obstine toujours à lui prêter fatalement un concours actif dans ses ravages, en encourageant ou en commandant, par la parole et par l'écriture, la résistance provocatrice des préjugés rebelles à l'esprit du temps?

Oui, l'athéisme n'apparaît jamais sur la terre pour bouleverser à la fois la religion, la morale et la politique des États, que lorsque la religion elle-même, faute de vouloir ou de pouvoir maintenir ses dogmes, ses préceptes et ses enseignements à la hauteur des connaissances acquises et des progrès accomplis, se fait accuser de n'être plus qu'une superstition, et a manifestement perdu la puissance d'inspirer la foi.

Eh bien ! le christianisme, tel qu'il fut symbolysé à Nicée sous la pression de Constantin, tel qu'il fut exalté et pratiqué par Grégoire VII, et tel qu'il est résumé de nos jours dans le *Syllabus* de Pie IX, ce christianisme défiguré, dont le souverain pontife vient de se proclamer infaillible, n'a-t-il pas visiblement perdu, depuis plusieurs siècles, et ne perd-il pas, de plus en plus, cette puissance inspiratrice dont il ne sait et ne peut plus arrêter la décadence?

Ce n'est pas aux disciples de Voltaire ou de d'Holbach que nous demanderons une réponse à cette grave question : nous la prendrons à des sources moins suspectes, dans le témoignage même des écrivains et des personnages les plus dévoués au Saint-Siége et à la perpétuité des croyances chrétiennes.

C'est d'abord l'illustre auteur du *Pape*, c'est de Maistre qui a dit, au commencement de ce siècle : *Il n'y a plus de foi sur la terre, le genre humain ne peut rester dans cet état*.

C'est un successeur de saint Pierre, Pie VIII, qui, sous le règne des fils aînés de l'Église, rétablis sur le trône de saint Louis par la contre-révolution européenne, laissa tomber du haut du Vatican ces lamentations solennelles : *Les pratiques saintes sont un sujet de moquerie; tous les enseignements sont assimilés à de vieilles fables ou à de vaines superstitions*.

C'est un prince de l'Église, portant un grand nom parmi les derniers défenseurs de la foi monarchique et catholique, et assis sur un des premiers siéges épiscopaux du royaume très-chrétien, c'est M. de Bonald, archevêque de Lyon, qui se plaignait dans un mandement de ce que, *en jetant un regard autour de nous,*

nous ne voyons que profanations de jour en jour plus scandaleuses du jour du Seigneur, que licence chaque jour plus révoltante dans les écrits et dans les arts, qu'une hardiesse toujours croissante d'un enseignement qui a cessé d'être catholique et qui est à peine chrétien.

Enfin c'est Lamennais, alors qu'il était encore fermement attaché aux doctrines et à la discipline de l'Église romaine, c'est Lamennais qui, à la vue des excès scandaleux et des honteux débordements de l'incrédulité régnante, dans la capitale du monde chrétien, jusques aux pieds du trône pontifical et aux sources mêmes de la foi; c'est Lamennais qui, écrivant à une fervente catholique, Mme de Senfft, femme de l'ambassadeur d'Autriche à Turin, lui exprimait en ces termes l'indignation et le désespoir dont son voyage à Rome l'avait rempli :

« Le catholicisme était ma vie, disait-il, parce qu'il est celle de l'humanité; je voulais le défendre, je voulais le soulever de l'abîme où il va s'enfonçant chaque jour. Rien n'était plus facile. Les évêques ont trouvé que cela ne leur convenait pas. Restait Rome : j'y suis allé, et j'ai vu là le plus infâme cloaque qui ait jamais souillé des regards humains. L'égout gigantestesque des Tarquins serait trop étroit pour donner passage à tant d'immondices. Là, NUL AUTRE DIEU QUE L'INTÉRÊT; on y vendrait les peuples, on y vendrait le genre humain, on y vendrait les trois personnes de la sainte Trinité l'une après l'autre, ou toutes ensemble, pour un coin de terre ou pour quelques piastres. J'ai vu cela, et je me suis dit : Ce mal est au-dessus de la puissance de l'homme, — et j'ai détourné les yeux avec dégoût et avec effroi. » (*Œuvres posthumes* de Lamennais, tome II, page 247.)

Comment s'étonner donc que l'athéisme fasse prévaloir partout l'intérêt particulier sur l'intérêt général, si, au foyer principal des croyances chrétiennes, *il n'y a aussi nul autre Dieu que l'intérêt?* L'athéisme hypocrite n'est pas moins coupable que l'athéisme effronté dans ses excitations et ses encouragements à l'égoïsme, et dans les maux qui en résultent. Disons mieux, il a une double responsabilité à porter dans les désordres sociaux, car, d'un côté, il prend largement part à ces désordres tout en se couvrant du manteau de la religion, et il provoque ensuite, sous ce manteau, par ses démonstrations superstitieuses et fanatiques, par son zèle intolérant pour *l'incroyable* traditionnel, il provoque les irruptions de *l'incrédulité* intolérante dont il fait fatalement une puissance révolutionnaire. Oui, c'est le radotage furibond des traînards du passé qui pousse à une extravagance, parfois atroce, les avant-coureurs de l'avenir.

Voilà où nous en sommes. Hier, c'était le socialisme athée, faux interprète du progrès social, héraut malavisé de la démocratie, qui, dans ses congrès et ses manifestes, niait hautement l'existence de Dieu, jusqu'à provoquer les protestations de libres penseurs, tels que Mazzini et Garibaldi; aujourd'hui, c'est le conservatisme superstitieux, organe épuisé d'une foi défaillante, qui se remet à faire des miracles, après que, dans ses conciles et ses décrets, il a proclamé *infaillible*, c'est-à-dire l'*égal de Dieu*, l'homme qui s'appelle humblement lui-même le *serviteur des serviteurs de Dieu!* ce qui a provoqué la répulsion éclatante de grands penseurs, incontestablement religieux et chrétiens, tels que le père Hyacinthe, l'abbé Dœllinger, etc., etc.

C'est entre ces deux extrêmes, également intolérants et tyranniques, également hostiles au développement pacifique de la civilisation universelle; c'est entre l'athéisme travaillé par la fièvre révolutionnaire et le papisme en proie au délire réactionnaire, que l'avenir cherchera et trouvera la voie où doit s'opérer, par l'intervention d'une croyance commune, la réconciliation du progrès et de l'ordre, de la liberté et de l'autorité, de la science et de la foi. Plus que jamais il faut reconnaître, avec de Maistre, qu'il n'y a plus de foi sur la terre, que le genre humain ne peut rester dans cet état, et qu'en présence de la complète décomposition morale et religieuse du vieux monde, il faut opter entre ces deux hypothèses, ou que le christianisme sera rajeuni de quelque manière extraordinaire, ou qu'il se formera une religion nouvelle.

Chaque jour justifie de plus en plus les hardies prévisions de l'athlète désespéré du vieux christianisme ; chaque jour l'urgence d'opter entre le rajeunissement de la doctrine évangélique et l'apparition d'un dogme nouveau se fait sentir davantage à tout vrai philosophe ; mais chaque jour aussi, les signes des temps viennent témoigner que l'instinct religieux de l'humanité ne se trouve pas à l'aise dans le vide créé autour de lui par les débordements de l'incrédulité, et que la vraie philosophie est à l'œuvre pour le tirer de cet abîme et lui rendre l'air et la vie.

Quelques années seulement après la mort de

Joseph de Maistre, Saint-Simon, avons-nous dit dans notre précédente préface, faisait paraître le *Nouveau Christianisme*; et, à cette heure, du sein même du clergé catholique, surgissent de courageux, de savants et d'éloquents apôtres de la régénération chrétienne, de telle sorte qu'on peut dire que les deux hypothèses de l'illustre auteur des *Considérations sur la France* sont bien près d'être vérifiées pour être plus tard logiquement identifiées, puisque les deux termes de l'alternative prophétique posée par de Maistre, n'expriment au fond qu'une même chose, la *religion nouvelle* ne pouvant être que le *rajeunissement* ou une *évolution progressive du christianisme*.

Le novateur Saint-Simon avait bien compris cette identité fondamentale quand il donnait à sa conception religieuse le titre de *Nouveau Christianisme*, et ses disciples, Enfantin en tête, recueillirent et gardèrent soigneusement cette pensée.

Dès 1828, dans une lettre adressée à de proches parentes, catholiques pieuses, Enfantin s'exprimait ainsi[1] :

---

1. Cette lettre est reproduite intégralement dans le cin-

« Les prêtres ne sentent pas leur avenir; ils se plaignent qu'on leur dispute leur passé ; ils devraient, s'ils connaissaient la volonté de Dieu, s'en féliciter. Dieu veut qu'ils soient les instituteurs du genre humain, qu'ils soient les plus savants, les plus dévoués, mais il ne veut pas qu'on enseigne à perpétuité ce qu'on enseignait sous l'empire du glaive. Qu'un homme, pénétré de sa mission apostolique, sorte aujourd'hui des rangs du clergé, qu'il fasse rougir ses frères de leur ignorance, qu'il leur montre le progrès que Dieu a fait faire à son peuple, et ceux qu'il ordonne aujourd'hui d'accomplir encore. Ne parlaient-ils donc pas politique, ces grands hommes dont la voix puissante a fait tomber les chaînes de l'esclave ? Le clergé laissait-il aux laïques tout l'honneur de ce grand témoignage de l'obéissance humaine aux volontés de Dieu? Ils ont dit jadis aux maîtres : Vos esclaves sont vos frères, et les chaînes sont tombées. Aujourd'hui n'existe-t-il plus d'hommes qui vivent du travail du peuple dans la lâche oisiveté? Les hommes ne jouissent-ils pas encore du travail de leurs escla-

---

quième volume des œuvres d'Enfantin, le 25ᵐᵉ de la collection générale.

ves, ne se nourrissent-ils pas de leurs sueurs? Moins barbares qu'autrefois, ils ne sont pas moins avides; l'homme, à leurs yeux, la création de Dieu, n'est encore qu'un instrument de plaisir qu'ils usent, fatiguent à leur gré, et ils se croient chrétiens ! Et les prêtres ! ils disent qu'ils parlent au nom de Dieu, et ils ne nous annoncent pas la fin de cette longue désobéissance à ses ordres, et ils n'écrasent pas de leur éloquence les hommes qui tendent à la prolonger ! Comment pourraient-ils nous pénétrer d'amour pour le Tout-Puissant ! Ils ne nous révèlent pas ce que nous réserve sa bienveillante sollicitude pour l'humanité; que dis-je ? ils nous annoncent un avenir sinistre, la fin du monde, le châtiment divin réservé, à qui ? à l'espèce humaine affranchie, à l'espèce humaine mieux disposée mille fois à recevoir avec enthousiasme les ordres divins, qu'elle ne l'était à l'époque des orgies des empereurs romains, *si rapprochée de la naissance du Christ*. Que la voix de Dieu se fasse entendre avec la force qu'elle avait dans la bouche de saint Paul; les Corinthiens de nos jours l'écouteront, ils ne sont pas plus irréligieux que ne l'étaient les élèves des philosophes de l'empire romain. Les augures ne pouvaient pas se regarder sans rire, à l'époque de Cicéron ; nos augures aujourd'hui, sont aussi rieurs que les autres, car ils ne savent plus lire dans l'avenir, ils ne savent pas qu'ils ont quelque chose à annoncer au monde, *ils ignorent la bonne nouvelle*. Les Romains assistant, au Cirque, à la boucherie des esclaves, les Romains, souillés de tous les vices, plongés dans la plus sale débauche, ne connaissaient pas d'autre Dieu que l'or, d'autre moyen de réussir que l'assassinat, d'autre amour que celui de Messaline ; les Romains se sont convertis au christianisme, et l'on désespérerait de nous !

« Non, mes chères amies, nous croirons encore que Dieu préside à nos destinées ; nous croirons qu'il nous a condamnés à cette longue épreuve de désordre, de lutte, de guerre, pour nous faire mieux chérir le bonheur qu'il nous réservait ; nous croirons surtout qu'il nous a donné les moyens de connaître ce qu'il faut faire pour que l'espèce humaine présente à ses yeux le spectacle qu'il attend d'elle, c'est-à-dire le spectacle d'une société pacifique organisée pour le travail, dirigeant en commun tous ses efforts pour embellir la terre qu'il a créée, pour rendre meilleurs les hommes auxquels il a donné le pouvoir de se rapprocher sans cesse de lui, en élevant leurs sentiments, en développant leur intelligence; or, ces moyens de nous organiser comme il le désire constituent la science de la *Politique*; nous croirons donc que c'est à ses ministres à nous enseigner les éléments de cette science, à nous en faire admirer la grandeur et chérir l'utilité. Voilà la théologie de nos jours, car la théologie, c'est la connaissance de Dieu; et comment connaître Dieu, si ce n'est par ses œuvres, et quelle œuvre plus sublime que l'espèce humaine ? »

Malgré ce caractère profondément religieux de la doctrine saint-simonienne, les plus vaillants et les plus illustres écrivains catholiques de cette époque affectèrent de ne pas prendre le *Nouveau Christianisme* pour le symbole d'une religion nouvelle, et ils s'obstinèrent à le faire considérer comme le simple programme d'une école purement politique. Cette appréciation superficielle eut pour organe le journal même de Lamennais, l'*Avenir*. L'apparition d'un adversaire aussi haut placé dans le monde intellectuel fit prendre la plume à Enfantin, qui rédigea aussitôt la note suivante :

« L'article que nous lisons dans le numéro de ce jour, du journal l'*Avenir*, exige impérieusement que les premiers apôtres du Dieu nouveau s'approchent du dernier et du plus ferme défenseur du Dieu du *passé*.

« Ministre du Christ, nous sommes pour vous des *philosophes*, des *publicistes* ; votre bouche se refuse à nous donner le nom d'*apôtres* ; aussi ne nous connaissez-vous pas encore, nous voici :

« Oui, la parole de notre maître est une *philosophie* et une *politique*, parce que le Dieu que nous adorons EST TOUT CE QUI EST ; mais, elle est aussi une RELIGION, parce que notre philosophie et notre politique ne sont pour nous que les deux manifestations, *spirituelle* et *temporelle*, de ce qui, en tout *temps*, en tout *lieu*, *anime*, *vivifie*, *lie* toute *pensée* et *toute chose*, toute *idée* et toute *forme* de L'AMOUR.

« Nous sommes *apôtres*, non parce que notre *philosophie* nous donne le droit d'imposer une *loi* à la SCIENCE, non parce que notre *politique* nous donne le droit d'imposer une *loi* à L'INDUSTRIE, mais parce que nous VOULONS améliorer progressivement l'existence MORALE, PHYSIQUE et INTELLECTUELLE du genre humain.

« Voilà notre RELIGION : dites maintenant si elle peut résister à l'examen !

« La parole du Christ fut une *philosophie*, elle ne fut point une *politique* : Gloire à Jésus !

Lorsqu'il parut, la politique était et devait encore être sanglante ; il en éloigna nos pères : gloire une fois encore à lui !

« Une parole divine nouvelle doit aujourd'hui se faire entendre. Rome n'a plus de voix comme Delphes n'avait plus d'oracles ; la politique sera sainte, car elle deviendra pacifique ; l'industrie succède à la guerre, voilà pourquoi Saint-Simon a parlé.

« Et nous, héritiers de notre Maître, nous vous attendons ; soyez le PAUL de l'alliance définitive, quittez les sépulcres blanchis, quittez les docteurs d'une loi morte, venez à nous, en vain vous voudrez réveiller Rome ! »

Enfantin fut prophète : nous venons de rappeler dans quelle espèce de sommeil Lamennais trouva Rome, et la profondeur du dégoût et du désespoir qu'il en rapporta. Il aurait pu mieux faire que gémir et désespérer. Mais le jour du PAUL de l'alliance définitive n'était pas encore venu. Il fallait un travail de près d'un demi-siècle, une série de terribles enseignements, pour que le suprême besoin de la foi qui manquait au genre humain suscitât enfin assez fortement des esprits et des caractères d'élite, parmi les ministres du Christ, pour les pousser à porter, jusqu'au pied du Vatican, avec le cri de détresse du vieux catholicisme, partout souffrant ou expirant sous le doute et le sarcasme, le signe consolateur d'une évolution nouvelle et progressive du vieux christianisme.

Lamennais, abandonné même par ses amis de l'*Avenir*, mourut dans le silence et la solitude. Son ancien collaborateur, Lacordaire, homme de cœur et de talent aussi, essaya vainement de relever, dans l'*Ère nouvelle*, le drapeau de la renaissance religieuse. D'un autre côté, l'annonciation d'une religion nouvelle avait cessé de faire du bruit ; les saint-simoniens, dispersés par la persécution, semblaient avoir renoncé à la propagation de leur doctrine ; et Rome, tout en continuant de ne reconnaître d'autre Dieu que l'or, se trouva tellement abusée par les succès croissants de l'internationale active des jésuites, qu'elle crut avoir donné un complet et éternel démenti à la prophétique alternative de son plus intrépide champion, et qu'elle se mit à exagérer de plus en plus l'absolutisme théocratique et rétrograde qui lui avait fait perdre manifestement la puissance inspiratrice de la foi, et, avec elle, le gouvernement spirituel des peuples les plus avancés en civilisation.

Vers la fin du règne d'un prince qu'on a appelé *le dernier des voltairiens*, L.-P. d'Orléans, l'Église romaine, qui n'avait plus devant elle ni la menace d'une religion nouvelle, ni l'essai d'un rajeunissement du christianisme, en vint à faire dire, par un de ses plus éloquents organes, et en pleine Chambre des pairs, au gouvernement français, qui ne voulait pas abandonner la tradition gallicane sur la grave question de l'enseignement : « Vous courez droit sur un écueil où se sont brisées des puissances plus fortes que la vôtre. »

Après l'avortement de la révolution du 24 février et le rétablissement de Pie IX sur son trône pontifical, l'esprit ultramontain ne garda plus de mesure dans les actes de la papauté depuis le *motu proprio* de Gaëte jusqu'à l'*Encyclique*, au *Syllabus* et à la proclamation des dogmes de l'*Immaculée conception* et de l'*Infaillibilité*.

C'est aux premiers jours de cette période rétrograde, trop prolongée au Vatican par l'ivresse du triomphe, qu'Enfantin vint désabuser ceux qui avaient pu croire que lui et ses disciples avaient abandonné la propagation du *Nouveau Christianisme*, et il publia une lettre adressée au vicaire général de M. Dupanloup, dans laquelle il indiquait, en ces termes, que la religion nouvelle, dans la pensée de ses apôtres et de ses adeptes, n'était que le rajeunissement du christianisme sous l'inspiration de *l'esprit de vérité* dont parle l'Évangile, et qui, d'après la parole du Christ, ne peut être et n'est pas autre que l'*esprit de progrès*.

« Vous dites que votre Église est la permanence du Christ sur la terre. Eh bien ! votre dogme vous défend-il de croire que cette divine permanence du Christ n'est un privilége pour personne, et que le Fils de l'Homme vit dans l'humanité tout entière ?...

« Votre croyance en la permanence du Christ, dans l'Église catholique seule, n'est pas dogmatique, et, cependant, c'est d'elle que découle l'infaillibilité papale, ou simplement l'infaillibilité du pape en concile. C'est d'elle aussi qu'est sortie cette rude formule : *Hors de l'Eglise, pas de salut* ; c'est sur elle que se fonde l'excommunication, et, dans l'ordre temporel, la guerre religieuse et même la peine de mort. Cette croyance d'orgueil, d'exclusion, suffit à elle seule pour expliquer les désastres de l'Église romaine depuis qu'elle s'en est infatuée. Alors, elle n'a pas seulement altéré, elle a modifié la croyance des premiers chrétiens, et surtout celle du grand apôtre des nations, qui savait si bien chercher et trouver parmi les gentils ce Christ qu'il y portait lui-même, c'est-à-dire ses *frères*.

« Faites que le Christ qui est en nous se manifeste, aidez-nous à le mettre en lumière, mais ne prétendez pas le posséder seuls en permanence, le dispenser selon votre bon plaisir, l'interdire à qui, sans vous, le sent, ou peut-être l'ignore en lui-même, car il est là !

« Oui, je sens que le Christ vous parle par ma bouche quand j'implore l'Église, afin qu'elle recherche en elle-même les sources oubliées de sa gloire, et qu'elle tarisse celles de sa honte et de ses défaites... Dieu ne frappe que pour éclairer. Croyez-le, c'est avec cette pensée religieuse que je contemple et que je voudrais voir l'Église contempler ses malheurs. Mais, hélas ! quand le protestantisme l'a démembrée, elle a lancé contre lui l'anathème, elle a excommunié ses propres membres séparés du tronc ; mais ce tronc est resté immuable comme une statue de bronze, mutilée sur son piédestal. Et quand les philosophes l'ont sapée et ébranlée dans ses fondements, elle s'est assise immobile sur la Somme de saint Thomas, brûlant les œuvres de Rousseau et de Voltaire, sans daigner faire un examen de conscience sur elle-même. Enfin, quand les révolutions renversaient toutes les puissances du vieux monde et creusaient les fondations d'un monde nouveau, elle pleura, elle gémit, comme si, elle aussi, était de ce vieux monde mourant...

« Et, pourtant, ce monde nouveau sort des entrailles du Christ; ce n'est plus le monde des nations, des races, des castes, de la naissance, de la guerre, de la servitude; non, c'est le monde de l'humanité, de la fraternité, de la paix, de la liberté, de la récompense selon les œuvres.

« Mère qui l'avez enfanté, vous méconnaissez donc votre enfant!... Sans doute il est pénible de confesser qu'on a fait fausse route, mais c'est lorsqu'on ignore la véritable; au contraire, lorsqu'on la connaît pour l'avoir soi-même ouverte, on reprend joyeusement son rang en tête de la colonne. L'humanité marche sans vous; elle vous laisse à l'arrière-garde, parmi les traînards impotents, invalides; montrez-lui que vous êtes encore dignes d'être ses guides; relevez le saint drapeau de liberté que vous avez abaissé devant les vieux maîtres de la terre et de l'homme; vous vous êtes retournés vers le passé; faites volte-face, et marchez vers l'avenir. »

Cet appel à l'Église elle-même, pour qu'elle prît l'initiative du rajeunissement du christianisme dont elle ne faisait que hâter la décadence et la ruine par sa lutte opiniâtre contre l'esprit moderne; cet appel, remarquable par le sentiment profondément religieux et par l'élévation de l'idée qu'il exprimait autant que par l'éloquente vivacité du langage, cet appel semblait fait pour frapper tout esprit supérieur qui aurait été sérieusement et sincèrement préoccupé de la destinée de la foi chrétienne. Mais les hautes intelligences et les grands talents, justement promus aux premiers rangs de la hiérarchie sacerdotale, subissent trop souvent l'empire des considérations mondaines, des intérêts de position et de profession, et de l'orgueil des dignités. Si les princes des prêtres avaient su comprendre les signes des temps et s'associer à la mission du juste, qui venait *accomplir et non abolir la loi*, en proclamant l'égalité et la fraternité sur la terre peuplée d'esclaves, l'autorité de l'antique sacerdoce aurait pu hâter la propagation de l'Evangile. Les enfants d'Aaron méconnurent la puissance irrésistible du génie de l'avancement, et les princes des prêtres de nos jours n'ont fait qu'imiter jusqu'ici leurs aveugles devanciers. Quel profit moral et religieux ont-ils tiré pourtant de leur refus de marcher avec leur siècle ? En vain ils ont égaré les pouvoirs monarchiques en France, jusqu'à leur faire fouler aux pieds les principes de 89 par le rétablissement des ordres monastiques, y compris les jésuites. Ce mouvement rétrograde n'a servi, comme nous l'avons dit, qu'à accroître l'audace et à favoriser le développement contagieux de l'athéisme. Heureusement, il a provoqué aussi une insurrection vraiment sainte, dans le sein même du clergé catholique, contre l'antichristianisme de plus en plus accentué de l'Église romaine ; et, à cette heure, ce sont des prêtres français qui lèvent solennellement la bannière de l'union de la science et de la foi, tandis qu'un moine français, célèbre par son éloquence, prêche dans Rome même, à côté du palais pontifical, non plus l'adoration du *Dieu du passé*, Mars ou Jéhovah, fétiche d'une secte, d'une tribu ou d'une nation, mais le culte du DIEU DU PRÉSENT ET DE L'AVENIR, créateur par ses inspirations progressives *du monde nouveau*, qui, selon l'expression d'Enfantin, est *le monde de l'humanité, de la fraternité, de la paix, de la liberté et de la récompense selon les œuvres.*

La réalisation de la prophétie de Joseph de

Maistre, nous ne saurions trop le redire, est donc manifestement proche. Ce sera la fin des luttes effroyables, si désastreuses pour les peuples, et toujours flagrantes ou imminentes tant que dure le duel du passé et de l'avenir, de la superstition et de l'incrédulité. La réconciliation de la science et de la foi frappera du même coup le grand coupable, l'athéisme, et son complice provocateur, le papisme, si visiblement mené par le jésuitisme. Alors le *provisoire*, toujours plein d'*incertitudes* et d'anxiétés, et inévitable sous toutes les formes de gouvernement, aussi longtemps que se perpétue la guerre à mort entre les conservateurs incorrigibles et impitoyables et les novateurs sans frein religieux, sans horreur de l'anarchie, du feu et du sang, alors le *provisoire* fera place au DÉFINITIF, fondé sur l'accord trop ajourné des croyances et des lumières. Alors s'ouvrira l'ère de l'association universelle, néo-chrétienne et républicaine, des peuples, laquelle réalisera, dans les limites des possibilités et des destinées humaines, le règne de Dieu sur la terre, c'est-à-dire le règne de l'ordre et du progrès, de la paix et du travail, sous l'inspiration de Celui qui est l'éternel conservateur et l'éternel progressiste, l'éternel patron et l'éternel ouvrier reconnu enfin comme suprême dispensateur de la rémunération selon les œuvres, dans l'atelier infini de l'univers.

Les membres du Comité institué par Enfantin, pour l'exécution de ses dernières volontés : Arthur ENFANTIN, César L'HABITANT, LAURENT (de l'Ardèche), Henri FOURNEL, Adolphe GUÉROULT.

www.ingramcontent.com/pod-product-compliance
Lightning Source LLC
Chambersburg PA
CBHW060920050426
42453CB00010B/1843